AF495488

DISCOURS

PRONONCÉ PAR

M. ISAAC PEREIRE

DÉPUTÉ DES PYRÉNÉES-ORIENTALES,

LE 31 AOUT 1865,

A L'OCCASION DE L'INAUGURATION DE LA

STATUE DE FRANÇOIS ARAGO

A ESTAGEL.

PARIS

IMPRIMERIE ADMINISTRATIVE DE PAUL DUPONT

RUE DE GRENELLE-SAINT-HONORÉ, 45

1865

DISCOURS

PRONONCÉ PAR

M. ISAAC PEREIRE

DÉPUTÉ DES PYRÉNÉES-ORIENTALES,

LE 31 AOUT 1865,

A L'OCCASION DE L'INAUGURATION

DE LA STATUE DE FRANÇOIS ARAGO

A ESTAGEL.

Les grands hommes ne meurent pas. Leurs idées, répandues dans le monde, vivent au sein des générations nouvelles et perpétuent ainsi leur existence.

Ces hommes ont deux familles : celle du sang et celle de l'esprit ; l'une intime et resserrée, l'autre publique et illimitée, qui s'étend aussi loin que leurs services et leur renommée.

Parmi ces glorieux privilégiés, se place au premier rang François Arago.

Arago n'appartient pas seulement à sa famille; il appartient encore au pays qui l'a vu naître, à ces lieux où il reçut ses premières impressions, où se passèrent les premières scènes de sa vie; il appartient à la France, dont il fut l'une des illustrations les plus admirées, à l'ensemble des peuples civilisés, dont il fut une des lumières.

Arago a pour héritiers : d'un côté, les hommes dans les veines desquels coule le même sang que le sien; de l'autre, ceux qui vivent de sa vie intellectuelle, soit dans le domaine de la science, les hommes qui continuent ses recherches et viennent ajouter de nouvelles découvertes à celles dont il dota le monde, soit dans le domaine de la politique, ceux qui, sans se condamner à l'idolâtrie de la forme spéciale que purent revêtir ses idées, veulent comme lui l'amélioration du sort des classes les plus nombreuses de la société.

Autour de ce monument, élevé par le patriotisme de ses compatriotes, vous voyez se presser aujourd'hui avec le même empressement, mais, je le dis avec le regret le plus senti, en nombre inégal, les représentants de ces deux familles.

Parmi les membres de la première, se distingue l'honorable M. Conte, si digne par ses persévérants efforts d'être témoin de l'hommage rendu à un oncle vénéré.

A l'empressement et au concours de tous les amis de l'illustre savant, du grand orateur, de l'homme public, on reconnaît aussi cette autre famille, qu'unissent à François Arago les liens invisibles de l'esprit et du cœur. Tous se sont rendus à l'appel qui leur a été adressé : Membres du conseil général, et, à leur tête, l'une de nos gloires militaires, le général Renault; — premières autorités militaires ou civiles du département, Général commandant la division, Préfet, Général commandant le département, fonctionnaires de tout ordre, maires de tous les cantons, notables de toute profession et de tout âge, tous aujourd'hui, des extrémités les plus reculées du département, sont accourus à cette fête de la science et du travail.

Elle eût été encore rehaussée par le concours du respectable chef du diocèse, de ce prélat éclairé dont le patriotisme égale la piété; malheureusement, des devoirs impérieux obligent Mgr Ramadié à se trouver aujourd'hui même à Céret.

La présence à cette fête de notre vénérable Évêque eût été un symbole de l'affinité naturelle dont il est lui-même si bien persuadé, de la science et de la religion, affinité dont Bacon signalait la nécessité lorsqu'il disait que la religion est le parfum, l'arome salutaire qui préserve la science de la corruption.

En ce moment, ce n'est pas seulement à tout un département qu'Estagel donne l'hospitalité; c'est encore à l'élite de nos savants, de nos hommes de lettres, de nos artistes, au nombre desquels se placent notamment :

MM. Joseph Bertrand et Sainte-Claire Deville, délégués par l'Académie des sciences; l'un, jeune mathématicien, qui a su se placer parmi ses maîtres les plus éminents; l'autre, dont les découvertes chimiques ont eu, entre autres brillants résultats, celui de doter l'industrie d'un nouveau métal, qui s'annonce comme doué d'une utilité toute particulière, l'aluminium;

M. Michel Chevalier, qui représente l'École polytechnique, en sa qualité de membre du conseil de perfectionnement;

M. Duhamel, géomètre dont les travaux ont reculé le domaine de l'analyse mathématique, membre de l'Académie des Sciences, ancien directeur de l'École polytechnique et professeur à la Sorbonne;

M. Barral, élève d'Arago et éditeur de ses œuvres, qui consacra plusieurs années de sa vie à ce travail, sous la direction de l'auteur lui-même;

M. Claude Bernard, hardi physiologiste, qui a fait faire des progrès éclatants à cette science des phénomènes de la vie ;

M. Berthelot, dont les travaux préparent un nouveau développement à la chimie organique;

M. Breguet, dont le nom est indissolublement lié à l'avancement d'un art indispensable au progrès des sciences physiques et astronomiques;

M. Charles Duveyrier, l'âme et le lien d'une puissante réunion de savants, d'économistes, d'hommes de lettres, qui entreprend aujourd'hui de recommencer l'œuvre de Diderot et de d'Alembert, et de refaire l'inventaire des connaissances humaines au dix-neuvième siècle;

M. Oliva, l'artiste habile, l'enfant du Rousillon, dont le ciseau vient de fixer sur le bronze, dans la statue qui s'offre à vos regards, les traits de son illustre compatriote;

Enfin, les représentants de la presse, toujours jaloux de s'associer à ces fêtes imposantes.

Que tous les autres personnages distingués, qui ont bien voulu se réunir à nous en cette circonstance, veuillent m'excuser de ne pas continuer une nomenclature qui serait trop longue, si nous voulions énumérer tous les titres.

Vous entendrez, je l'espère, au nom de l'Académie des Sciences, M. Joseph Bertrand, et au nom de l'École polytechnique, M. Michel Chevalier.

Je suis d'autant plus heureux de mon association fortuite, dans l'éloge de François Arago, avec ces deux hommes éminents, que tous deux sont mes amis, amis des meilleurs, éprouvés pendant une suite d'années déjà bien longue.

Joseph Bertrand, en effet, est l'un des membres de la seconde génération d'une famille de savants, à laquelle m'unissent, depuis bientôt un demi-siècle, les liens de la plus étroite amitié.

Michel Chevalier, l'un des maîtres dans les sciences économiques, est un des hommes avec lesquels je m'honore d'avoir travaillé, dès ma jeunesse, à la solution des graves problèmes économiques de notre époque, et à la recherche des moyens de réaliser ces grandes applications de la science, qui seront la gloire de notre siècle.

Je parle surtout des questions de liberté commerciale et de chemins de fer, questions si vainement controversées pendant longtemps, et si énergiquement résolues, sous le règne actuel, par l'initiative puissante de l'Empereur, dont la science profonde en matière d'économie sociale vient en aide à cet ardent amour qu'il éprouve, comme Henri IV, pour les classes ouvrières. Je pourrais dire encore la question du Crédit qui s'élabore dans les Conseils du gouvernement et devant le pays.

Je ne puis oublier, en ce moment, que, dès 1831, M. Michel Chevalier, alors jeune débutant comme ingénieur des mines, traçait, d'une main sûre, le réseau des chemins de fer qui devaient couvrir l'Europe, leur assignant pour centre commun le bassin de la Méditerranée dont il annonçait déjà les brillantes destinées.

Unis dans une même pensée de progrès, nous nous étions promis, mon frère et moi, de consacrer toutes nos forces à l'accomplissement de ces grands travaux qui allaient changer la face du monde, et quelques années s'étaient à peine écoulées depuis 1831, que nous en commencions la réalisation pour ne plus l'interrompre.

Aujourd'hui, le réseau tracé par le jeune ingénieur est en pleine activité.

Vous savez les merveilleux résultats déjà obtenus; vous assistez au magnifique réveil des populations riveraines de la Méditerranée, et ce n'est pas sans un légitime orgueil que nous voyons la part qu'y prennent nos riches contrées.

Voilà les titres de chacun de nous à vous entretenir de la vie d'Arago.

Arago n'est entré dans la vie publique qu'à un âge déjà avancé.

Il avait quarante-quatre ans lorsque la révolution de 1830 l'amena sur la scène politique.

Jusque là, il s'était entièrement consacré à la sience.

M. Bertrand vous dira par quels travaux, par quels événements il s'y illustra, son odyssée sur les côtes de la Méditerranée, sa mission scientifique héroïquement poursuivie au péril de sa vie, son retour inespéré et presque miraculeux dans sa patrie.

Il y trouva bientôt la récompense de ses travaux et fut nommé, à l'âge de vingt-trois ans, membre de l'Institut.

D'autres épreuves l'attendaient encore : Arago avait quitté l'École polytechnique pour le Bureau des Longitudes, avant la fin de sa seconde année, sans remplir les formalités des examens de sortie qui l'auraient dispensé de la conscription. Un fonctionnaire trop formaliste, Mathieu Dumas, l'invita à rejoindre les jeunes conscrits de la classe avec lesquels il devait partir.

Arago lui déclara qu'il se rendrait au poste indiqué, sur la place de l'Estrapade, en habit de membre de l'Institut, et qu'il traverserait tout Paris dans ce costume.

Cette résolution fit reculer le fonctionnaire, qui se souvint que l'Empereur était, lui aussi, membre de l'Institut, et le jeune savant fut laissé à ses travaux.

Arago a poussé loin l'étude de la science pure ; mais, dans son amour pour ses semblables, dans sa passion pour le progrès, il subissait un invincible attrait pour les applications, et celles-ci jouent un très-grand rôle dans sa vie scientifique. Ainsi il a grandement contribué à démontrer l'utilité des paratonnerres et à fixer les règles de leur construction ; il a découvert l'aimantation par les courants électriques : ceci, Messieurs, n'est rien moins que l'origine de la télégraphie. Il a pris, avec son ami Fresnel, une grande part à l'adoption du système actuel des phares par réfraction, invention que bénissent les marins; il a contribué à perfectionner la boussole; il a pris une part décisive à plusieurs autres perfectionnements du même genre.

Arago a cherché surtout à populariser la science, soit par ses écrits, soit par ses enseignements.

Dans une série de mémoires extrêmement intéressants sur les divers phénomènes de la nature, et compris sous le titre d'*Astronomie populaire*, il s'est attaché à rectifier les fausses notions, trop généralement répandues.

Il a longuement discuté, par exemple, l'influence des phases lunaires sur les changements de temps, et il est arrivé à en nier la réalité.

Arago niait également la réalité des pronostics tirés de l'aspect de la lune. C'est lui qui a expliqué l'erreur des jardiniers dans leur vieille croyance à l'influence de la lune rousse sur les phénomènes de la végétation, tout en reconnaissant cependant l'exactitude de leurs observations et en la rapportant à d'autres causes.

Les comètes, vous ne l'ignorez pas, ont été de tout temps considérées comme le signe précurseur des plus terribles fléaux. Arago a démontré qu'elles étaient sans danger. Déjà Clairaut, dans le siècle dernier, en annonçant d'avance l'apparition de la comète d'Halley, dont il avait calculé le retour, avait porté un coup terrible aux croyances superstitieuses des populations. L'action d'Arago sur ce point fut plus efficace encore; et, en contemplant ces astres qui errent dans le ciel, et dont le retour est prévu de siècle en siècle, les hommes n'éprouvent plus aujourd'hui d'autre sentiment que celui de l'admiration pour les œuvres de Dieu.

L'autorité d'Arago était loin d'être puisée dans l'amour du merveilleux. Il ne dissimulait point les limites prescrites aux connaissances humaines; ainsi, disait-il, jamais, quels que puissent être les progrès des sciences, les savants soucieux de leur réputation ne se hasarderont à prédire le temps.

Dans son amour pour la science, Arago se plaisait à en répandre sans cesse les notions. Ses leçons de l'Observatoire, à l'usage des gens du monde, eurent le plus grand succès. Il mettait à la portée de tous, dans un style lucide, les problèmes les plus ardus de la mécanique céleste.

J'ai moi-même suivi ces leçons, en 1824.

Je m'y rendais en compagnie d'un vieil ami, et je me souviens de l'émotion patriotique que nous éprouvions l'un et l'autre en suivant cette allée voisine de l'Observatoire où le maréchal Ney expia par sa mort, au mépris de la capitulation de Paris, sa fidélité au héros qui avait été son général, son prince et son bienfaiteur.

Dans son dévouement au Bureau des Longitudes, Arago tenait à lui abandonner le produit des notices scientifiques, qui faisaient l'immense succès de l'*Annuaire*. On sait que, pour suppléer à ces revenus créés par le travail d'Arago, le Gouvernement, après sa mort, a dû augmenter l'allocation du Bureau des Longitudes.

Arago vivait pourtant très-modestement du produit de ses fonctions. C'était tout son patrimoine.

Arago n'avait pas toujours le calme du savant. Mais, quoiqu'il fût passionné, comme le sont les enfants du Roussillon, jamais cependant la rancune et l'esprit de vengeance n'égarèrent son cœur généreux.

Une anecdote, que je tiens d'un témoin vivant, vous le peindra exactement.

Le directeur d'une publication scientifique, le Baron de Zach, poursuivait de ses critiques acerbes tous les savants français. Arago avait été l'objet de ses attaques les plus vives et les plus injurieuses. Zach tombe malade, croit avoir besoin des secours de Civiale, et le fait demander. Civiale refuse d'aller à Berlin. Mais, le lendemain, Arago accourt chez lui : — Vous êtes, lui dit-il, trop notoirement mon ami pour refuser de faire le voyage. — On croira ou on fera semblant de croire que vous refusez vos soins à l'homme qui m'a injurié. — C'est indigne de vous et de moi ; — et Civiale partit.

Arago était le conseil et le protecteur ardent de tous les hommes dont il savait pénétrer le mérite.

C'est grâce à ses encouragements, à son appui, que l'illustre Fresnel, ingénieur obscur, put remplir sa brillante, mais trop courte carrière. Arago lui donna son amitié, l'associa à ses travaux, et lui fit ouvrir les portes de l'Académie des Sciences.

L'histoire de Gambey, le savant ouvrier, est plus intéressante encore.

Arago fit partie souvent, toutes les fois qu'on le lui demandait, du jury de nos expositions des produits de l'Industrie.

Un jour, visitant l'exposition de 1819, en compagnie de savants anglais, il remarqua leur silence et même leur dédain devant nos instruments de précision ; il s'en émut.

Il se souvint alors d'avoir vu à l'Observatoire une boussole excellente, construite par un jeune ouvrier encore inconnu. — Arago se met à la recherche de cet ouvrier, court à son modeste logement de la rue du Faubourg-Saint-Denis, et, au nom de la gloire nationale, il le somme d'entrer en lice. Il offre de lui faire acheter ses appareils par le Gouvernement, de lui avancer des fonds au besoin. Il lui promet enfin de faire admettre ses produits à l'exposition.

Moins de deux mois après, Gambey exposait des produits qui étaient de véritables chefs-d'œuvre : un répétiteur à réflexion, une boussole destinée à l'observation des variations diurnes de l'aiguille aimantée et un comparateur.

Les Anglais s'avouèrent vaincus, et Gambey obtint la médaille d'or.

Les succès de Gambey ne firent que grandir; ses produits acquirent une renommée universelle. Bientôt il devint même le collègue d'Arago, au Bureau des Longitudes et à l'Académie des Sciences. Il fut élu dans la section de mécanique en 1837.

Une des préoccupations constantes d'Arago, pendant toute sa carrière, a été d'exciter le zèle de nos artistes et de nos praticiens pour les rendre supérieurs à ceux de l'étranger.

Ami de Breguet, il a encore fortement encouragé des industriels aussi distingués que MM. Fourneyron, Perret, Fonvielle père, Mulot, Degousée, Lerebours, Fortin, Soleil et son gendre Duboscq. Il a très-souvent fait des démarches pour procurer des commandes à des constructeurs nouvellement établis. C'est lui qui a fait décerner à Daguerre et à Vicat des récompenses nationales. Il a soutenu M. Sorel; il a fait nommer à la Monnaie un chimiste éminent, M. Laurent, et l'a fait décorer. Il a deviné un autre savant, M. Pelouze, qui figure aujourd'hui sur le premier plan dans les sciences chimiques. Ses amis l'ont vu, déjà aveugle, faire violence à ses souffrances pour rendre service à un inventeur ou à un savant pauvre.

Arago avait été nommé chevalier de la Légion d'honneur par l'Empereur Napoléon Ier. Le gouvernement de la Restauration lui retira cette décoration, qui ne lui fut rendue qu'en 1819, grâce à l'éclat de ses services.

La décoration de grand officier, l'une des plus élevées de l'Ordre national, lui a été donnée, en 1849, par Napoléon III, alors président de la République.

C'est ici, Messieurs, que finit mon appréciation du savant et que commence celle de l'orateur, du littérateur élégant, de l'homme politique.

Arago avait succédé à Fourier, en 1829, dans les difficiles fonctions de secrétaire perpétuel de l'Académie des Sciences. A partir de ce moment, commence, pour Arago, une nouvelle série de travaux qui le placent au premier rang parmi les écrivains de notre époque.

Les notices biographiques dues à la plume d'Arago ne sont pour lui qu'un moyen de résumer, d'une manière vivante et animée, les progrès accomplis dans les sciences naturelles, comme dans les sciences morales et politiques, et de signaler les grandes applications qui ont été faites à l'industrie des découvertes du génie humain.

Arago a passé en revue ces maîtres, ces initiateurs, que l'antiquité, dans sa reconnaissance, eût élevés au rang de demi-dieux.

Il a discuté leurs titres et donné la mesure de ce que leur devait l'humanité.

Arago se complaisait à écrire la vie de ces grands hommes et à mettre en lumière leurs titres à la reconnaissance de la postérité.

Parmi ses notices biographiques, celles de Condorcet, de Monge et de Watt méritent une mention spéciale.

Il s'attache d'abord au portrait de Condorcet, élève et ami de Turgot, émule de d'Alembert, savant illustre, économiste et philosophe, qui, au milieu des passions de la Révolution, alors que sa tête menacée s'abritait sous le toit d'une femme dévouée, traçait d'une main calme l'esquisse des progrès de l'esprit humain, et montrait l'humanité se développant, comme un seul être, dans sa majestueuse unité.

Cette vue éminemment chrétienne contient toute une politique nouvelle, dans laquelle les diverses classes de la société, se reliant entre elles comme les parties d'un même corps, remplissent des fonctions différentes, comme celles du cœur, du cerveau, de l'estomac et des membres, et dans laquelle chacun, se sentant vivre en tous, souffre ou jouit du bonheur ou des misères de ses semblables.

Condorcet s'était prononcé énergiquement en faveur de l'abolition de l'esclavage, qu'Arago, plus tard, devait avoir le bonheur et la gloire de réaliser.

Arago retrace aussi avec admiration la vie de Gaspard Monge, fils d'un marchand ambulant, atteignant par ses propres œuvres les cimes les plus élevées de la science, inventeur de la géométrie descriptive, dont les règles ont donné une sûreté absolue aux divers arts de la construction, véritable fondateur de l'École polytechnique, de cette institution, émanation admirable des principes de 89, et dans laquelle le classement suivant la capacité reçut sa première et sa plus féconde application.

Monge fut l'ami le plus intime, le plus désintéressé et le plus fidèle de l'empereur Napoléon Ier, qui savait si bien distinguer et honorer le vrai mérite.

Monge avait été chargé de proposer à Arago d'accompagner l'Empereur en Amérique, alors que, succombant sous les forces de l'Europe coalisée, il méditait de demander asile au nouveau continent, pour consacrer ses derniers jours aux pacifiques conquêtes de la science.

Mais l'homme dont François Arago écrivit la notice avec le plus de soin et d'amour est le célèbre ouvrier de Greenock, Watt, simple mécanien, qui ne prétendait pas, comme Archimède, soulever un monde, mais qui, plus heureux qu'Archimède, a fourni l'instrument destiné à le transformer.

Passionné pour cette incomparable invention, Arago se rendit en Angleterre pour étudier la vie de Watt sur les lieux mêmes où il avait vécu, pour y recueillir avec une pieuse exactitude tous les éléments de la carrière d'un des bienfaiteurs du genre humain.

Les forces dont Watt a armé la civilisation sont incalculables; ces forces, employées à l'accroissement du bien-être général, tendent à changer complétement les conditions de l'existence humaine. Elles arrachent les classes inférieures à cette fatigue musculaire qui les vouait fatalement à l'esclavage de la souffrance physique. La machine à vapeur a affranchi l'intelligence de l'homme, qui, désormais, règne en maître sur les forces brutales de la nature; elle a effacé les distances, rapproché les peuples entre eux, et elle les unira, chaque jour, davantage, dans une action commune.

Le 26 juillet 1830, Arago avait à prononcer, à l'Académie des Sciences, en sa qualité de secrétaire perpétuel, l'éloge de son ami Fresnel.

Les fameuses ordonnances venaient de paraître, ces ordonnances qui confisquaient les libertés à l'ombre desquelles les Bourbons étaient revenus en France.

Arago, en proie à une profonde émotion, refusait de parler dans ce jour de tristesse.

Vaincu par les instances de ses collègues, qui craignaient l'effet de cette muette protestation, Arago ne voulut point consentir à supprimer dans son discours de trop justes critiques sur les mobiles qui présidaient alors au choix des savants dans les fonctions que le Gouvernement avait à conférer.

Le duc de Raguse, présent à la séance comme membre de l'Académie, fut effrayé de cette hardiesse : « Je crains bien, lui dit-il, d'être obligé d'aller chercher de vos nouvelles à Vincennes. »

Mais ce n'est pas à Vincennes que les deux amis devaient se revoir ; c'était aux Tuileries, où le lendemain Arago pénétrait, au bruit du canon, à travers une grêle de balles, pour faire un suprême appel à l'humanité de Marmont et arrêter l'effusion du sang.

Vains efforts ! Une terrible fatalité pesait sur la vie de ce lieutenant de l'Empereur, qui, dans des jours néfastes, avait osé disposer de la France et de son chef.

Le trône des Bourbons ne tarda pas à s'écrouler, et de nouvelles destinées s'ouvrirent pour Arago.

Arago, comme tous les libéraux de son temps, avait contribué à l'élévation du trône de Juillet.

Désireux d'unir ses efforts à ceux de ses amis politiques dans l'œuvre de régénération qu'il croyait entrevoir, il sollicita et obtint les suffrages de ses compatriotes et il entra à la Chambre comme représentant des Pyrénées-Orientales.

Arago fut toujours l'ennemi de tous les excès.

En 1831, une émeute, née de provocations imprudentes, agitait tout Paris. La foule ameutée saccageait l'Archevêché et menaçait la Cathédrale. A la tête d'un détachement de la 12e légion, François Arago, descendit sur le parvis de Notre-Dame, harangua la foule et l'invita à se disperser ; mais il fut sur le point d'être précipité dans la Seine : « Mes amis, dit-il à ceux qui le serraient de plus près, faites donc attention, je ne sais pas nager. » Cette présence d'esprit, cette invincible fermeté triompha de l'emportement de la foule. S'il ne parvint pas à préserver l'Archevêché, il sauva du moins d'une dévastation sacrilége l'antique Cathédrale, et ce fait seul suffirait à honorer la vie d'un bon citoyen.

Bientôt Arago, déçu dans ses espérances, rentra dans les rangs de l'opposition qu'en 1830 il s'était flatté de quitter pour toujours, supposant que le triomphe des immortels principes de 1789 était à jamais assuré, et que, sous leurs auspices, la grande politique des améliorations populaires allait dérouler ses majestueuses et bienfaisantes conséquences.

A l'exception d'un discours essentiellement politique sur la réforme électorale, Arago ne traita généralement, à la tribune de la Chambre des Députés, que des sujets spéciaux où son autorité pouvait peser d'un grand poids.

Il prit surtout une grande part à la discussion des chemins de fer.

Arago, sur cette grande question, devait naturellement se préoccuper surtout de la perfection mathématique des moyens d'exécution. Il aurait désiré qu'on attendît, pour mettre la main à l'œuvre, que l'art de la construction des chemins de fer eût fait de nouveaux progrès. Or, il n'est pas dans la nature humaine d'atteindre la perfection; jamais, d'ailleurs, on ne peut se flatter d'en franchir les degrés d'un seul bond.

Les inconvénients d'une application imparfaite sont toujours moins grands que ceux qui résulteraient d'un ajournement indéfini.

Les avantages que les populations ont recueillis des chemins de fer, l'essor que l'agriculture en a reçu, les produits qu'ils ont permis de répandre abondamment dans les diverses parties du monde entier, ont créé une masse de richesses bien supérieure aux sacrifices que pourra nécessiter la rectification des erreurs commises.

Arago a été mieux inspiré relativement à la question de savoir à qui devait être confiée la construction de ces voies nouvelles.

Longtemps, on avait débattu, soit dans la presse, soit à la tribune, si c'était à l'État ou aux Compagnies qu'on devait s'en rapporter.

Arago se prononça nettement en faveur des Compagnies, et son opinion, à cet égard, fut considérée par des esprits trop absolus comme une trahison envers le parti démocratique, qui revendiquait alors pour l'État la propriété de ces grandes voies de communication.

Mais Arago était d'un caractère trop indépendant, pour consentir à devenir l'homme-lige d'un parti. Aussi, malgré les critiques acerbes de Louis Blanc, persista-t-il dans des convictions que l'expérience a confirmées.

Il se souvenait de la durée séculaire de la construction de nos canaux.

Il craignait que l'État ne fût détourné, par des circonstances imprévues, d'une œuvre qu'on devait achever rapidement après l'avoir entreprise, et que des emprunts, contractés pour les besoins de la paix, ne servissent aux nécessités de la guerre.

Il comptait enfin sur la puissance de l'association des capitaux.

Toutefois, l'industrie particulière ne répondit pas immédiatement à son attente.

Elle avait besoin, pour se manifester largement, de puissants encouragements, qu'une politique à courte vue leur refusait à l'origine.

Depuis 1852 seulement, on a vu de quels efforts elle est capable avec l'appui d'un gouvernement sincèrement protecteur du progrès industriel, jaloux d'accroître la prospérité publique.

L'épargne de la nation, incessamment renouvelée, a fourni des ressources que ne permettaient pas de soupçonner les avortements dont le règne de Louis-Philippe avait donné de si fréquents exemples.

Notre embranchement de Narbonne à Perpignan et à Port-Vendres jusqu'à la frontière d'Espagne, réclamé par Arago en 1846, n'a pu recevoir son exécution que sous le règne actuel, par la volonté d'un souverain qui entend répandre la vie jusque dans les provinces les plus reculées de l'Empire.

Quant à moi, je suis heureux d'avoir pu, avant d'être élu

comme député des Pyrénées-Orientales, contribuer à réaliser ce vœu de mon illustre prédécesseur.

Arago prononça, en 1847, un beau discours sur l'enseignement, dans lequel il réclamait des réformes dont la nécessité a depuis été reconnue. Il proposait de ne plus rendre générale et obligatoire l'étude des langues mortes, et d'accorder une plus large place à l'étude des langues vivantes, comme à celle des sciences naturelles.

Dans son discours sur la réforme électorale, Arago, dès 1840, devançait la proclamation du suffrage universel, devenu, aujourd'hui, loi fondamentale de l'État et source légitime du pouvoir.

La famille des Napoléon, dont le nom sera éternellement lié à la grandeur et à la gloire de la France, n'a jamais redouté les arrêts du suffrage universel.

C'est au peuple tout entier que l'Empereur Napoléon III, comme l'Empereur Napoléon Ier, a demandé la consécration de sa dynastie.

Le suffrage universel, dont la pratique en France a suffisamment démontré les heureux résultats, se justifie, en théorie, comme une application de la loi des grands nombres. D'après le calcul des probabilités, on peut affirmer que les résultats de ce système doivent être généralement conformes aux besoins d'ordre et de perpétuité, en vertu desquels les sociétés existent et se conservent, tandis qu'il peut en être autrement du suffrage restreint, qui n'exprime que les désirs d'une fraction de la société, désirs contestables et souvent en désaccord avec les vœux de la communauté.

Et c'est, en même temps, un instrument de progrès, puisque ce pouvoir immense, dont le peuple est investi à certains moments, oblige à l'instruire et à l'éclairer pour que ses suffrages soient toujours conformes à la raison, à la justice et au respect de tous les droits.

Nous voici arrivés au dernier terme de la carrière politique de l'illustre Arago.

Il est, Messieurs, dans la vie des sociétés, comme dans celle de l'individu, des crises auxquelles elles ne peuvent se soustraire. Ces crises se terminent le plus souvent par des conquêtes salutaires; mais, pendant leur durée, tous les éléments contraires entrent en lutte, et ceux qui sont doués de la plus grande vitalité ne se dégagent qu'à travers mille souffrances, par les efforts combinés des hommes d'énergie et de bonne volonté.

En 1848, lorsque s'écroula l'édifice politique, dans la désertion générale, qui se révéla alors, de tous les pouvoirs constitués, le peuple chercha d'instinct, parmi les débris des institutions régulières, les fortes individualités qui portaient en elles-mêmes la plus grande autorité morale, afin qu'elles fussent la garantie de la paix sociale. Avec cet esprit de sacrifice qui ne l'abandonna jamais, Arago, désigné par la voix publique, se dévoua à cette tâche difficile, et il en accepta la lourde responsabilité.

Membre du Gouvernement provisoire, ministre de la marine, il signala son passage dans ses fonctions par l'abolition de l'esclavage dans nos colonies.— Il ne voulut pas en retarder la proclamation d'un seul instant, craignant d'en compromettre la réalisation par le moindre délai; il resta au poste confié à son patriotisme jusqu'au moment où, ébranlée par une terrible insurrection, l'Assemblée éprouva le besoin de concentrer toute l'autorité dans la main d'un chef militaire.

Arago quitta le pouvoir aussi facilement qu'il l'avait accepté, et abdiqua sans effort en faveur de la société qu'il fallait sauver. Il ne revendiqua que le droit d'exposer sa vie pour elle.

Paris le vit alors, dans ses rues, triste et le cœur brisé, mais ferme et inébranlable au milieu des déchirements et des horreurs d'une lutte fratricide entre les enfants d'une même patrie et d'une même cité.

Après avoir encore une fois exposé ses jours pour arrêter l'effusion du sang, Arago emporta dans la vie privée l'estime de la France entière, celle même du nouveau Souverain que la France se donnait, et dont l'un des titres de gloire, dans les premiers jours d'un règne si bien rempli, sera certainement d'avoir dispensé du serment l'homme politique que les événements obligeaient de chercher un refuge dans la science, comme dans un sanctuaire où devait s'abriter et s'éteindre sa noble vie.

Que d'enseignements nous offre une telle carrière!

Les formes de gouvernement, Messieurs, ne sont que des moyens, et ces formes varient, comme l'a dit Montesquieu, suivant le climat, suivant le génie et le caractère particulier de chaque peuple.

Mais si les formes sont diverses, s'il n'y a rien d'absolu à cet égard, il n'en est pas de même du but que doivent se proposer tous les gouvernements. Ce but invariable que Dieu même leur assigne, c'est l'amélioration morale, intellectuelle et physique de la classe la plus nombreuse et la plus pauvre.

Sur ce terrain, tous les gens de cœur peuvent se rencontrer, et, quelque sentiment que j'aie de mon infériorité en face de l'homme dont je retrace la vie, j'ose dire que c'est un terrain commun à l'ancien et illustre représentant des Pyrénées-Orientales et à celui qui a l'honneur d'être aujourd'hui le mandataire de votre département, et qui sent profondément le prix de cette dignité.

Arago, bien plus préoccupé en réalité du fond que de la forme, désirait, avant tout, l'avancement de l'instruction publique et du bien-être des masses.

Tel était le but principal de ses efforts; c'est aussi son plus beau titre à la reconnaissance publique.

C'est ainsi que, s'inspirant d'un sentiment semblable, Lafayette faisait abnégation de ses convictions personnelles, et pouvait dire avec vérité d'un gouvernement monarchique qu'il était la meilleure des républiques, car il n'attachait à ce mot que l'idée même qu'il exprime, celle de la CHOSE PUBLIQUE.

L'amour de la chose publique, tel doit être le caractère de tout bon gouvernement, que le pouvoir soit électif ou héréditaire, qu'il soit exercé par plusieurs ou par un seul.

Or, qu'est-ce que l'amour de la chose publique, si ce n'est celui du bien général? Et qu'est-ce donc que l'on doit réclamer le plus vivement pour le bien général et pour l'apaisement des discordes publiques, sinon l'élévation des classes les plus nombreuses de la société?

Voilà le but que doit poursuivre tout bon gouvernement; voilà la grande voie par laquelle chacun peut atteindre la place que lui assignent les facultés dont Dieu l'a doué.

Telle est, Messieurs, la large base sur laquelle s'est placé celui qui préside aujourd'hui aux destinées de la France.

Telle est la cause de l'affection universelle dont il est entouré.

Vous le savez, en effet, l'objet multiple de ses constantes préoccupations, c'est le développement de l'instruction à tous les degrés, primaire, secondaire, professionnelle; c'est l'amélioration progressive de la viabilité du territoire, au moyen des chemins de fer, des canaux, des routes impériales et des chemins vicinaux qui, en utilité, ne le cèdent pas même aux voies ferrées; c'est l'avancement de l'agriculture, la première de toutes les industries, à l'aide de procédés divers, au nombre desquels il n'est pas possible, dans ce departement, d'oublier l'irrigation ; c'est le plus grand développement possible du travail, seule source de la richesse ; c'est enfin la plus large extension des débouchés de nos produits par une intelligente application des principes de la liberté commerciale.

Le gouvernement de l'Empereur s'avance fermement dans cette voie de progrès et d'amélioration générale. Il y marchera, vous pouvez en être certains, d'un pas d'autant plus assuré que les sentiments d'ordre prévaudront plus complétement dans notre société fatiguée de luttes désormais stériles, et n'aspirant plus qu'aux conquêtes pacifiques du travail.

Messieurs, de grands enseignements ressortent de la solennité à laquelle nous assistons.

Elle montre d'abord à ce peuple ému qui nous entoure quel est le prix du travail, de la science et de la vertu civique, et de quelle auréole de gloire sont un jour couronnés les hommes qui ont illustré leur pays.

Cette fête justifie hautement ce qu'Arago lui-même, énumérant dans son magnifique discours sur le suffrage universel, les titres du peuple, disait de quelques-uns des noms glorieux sortis de son sein : J.-J. Rousseau, le géomètre Fourier, le grand Molière, Franklin, Masséna, Kléber, Marceau, tous fils d'artisans, d'ouvriers, de cultivateurs, tous immortalisés par le Génie, et appelés dans le Panthéon de l'histoire par la patrie reconnaissante.

Parmi ces noms glorieux, se place celui d'Arago. Votre admiration le fait l'égal de toutes nos gloires nationales.

Et pourquoi ne le dirions-nous pas, lorsque le Gouvernement lui-même nous donne l'exemple du respect pour la mémoire de François Arago ? Oui, Messieurs, le gouvernement de l'Empereur est assez fort; il est assez patriotique pour se parer de toutes les gloires du pays. Il est le premier à rendre hommage à ceux mêmes qui furent ses adversaires, quand ils se sont illustrés par de grandes actions, quand on a pu dire d'eux ce que M. de Humboldt disait de François Arago : « C'est le meil-« leur cœur et la plus forte tête de l'époque. »

Paris. — Imp. Paul Dupont, 45, rue Grenelle-Saint-Honoré.

www.ingramcontent.com/pod-product-compliance
Ingram Content Group UK Ltd.
Pitfield, Milton Keynes, MK11 3LW, UK
UKHW021031220726
13924UKWH00001B/255

9 782019 178581